AF494289

No. 1

FEMMES CÉLEBRES
DE TOUTES LES NATIONS, AVEC LEURS PORTRAITS:

Ouvrage présenté au Roi, à la Reine & à la Famille Royale.

Non! Promethée aux Cieux n'a pas ravi la flame,
Sans doute il la puisa dans les yeux d'une Femme.

Elisabeth Reine d'Angleterre

VIIeme LIVRAISON.

Prix 3 livres, & 4 liv. colorié pour MM. les Souscripteurs; (& 4 liv. & 5 liv. par Numéro sans souscrire.)

A PARIS,

Chez M. TERNISIEN D'HAUDRICOURT, Auteur de cet Ouvrage, rue ~~Saint-Honoré, vis-à-vis celle de Grenelle~~. Feydeau No 9
Et GATTEY, Libraire, au Palais-Royal, No. 14.

M. DCC. LXXXVIII.

Avec Approbation, & Privilége du Roi.

GALERIE UNIVERSELLE.

ÉLISABETH, REINE D'ANGLETERRE.

Les Anglois comparent cette Princesse à leurs plus grands Rois, & avec raison ; car elle posséda dans le plus haut degré le talent si rare & si nécessaire aux Princes, de se faire aimer de leurs sujets & craindre de leurs ennemis. C'est elle qui, en jettant les fondemens de la puissance dont cette Nation jouit aujourd'hui, lui fit en même temps connoître que cette liberté immodérée dont elle est idolâtre, n'est qu'un

vain fantôme qui difparoît fous un gouvernement ferme & éclairé.

Elifabeth, fille du Roi Henri VIII & d'Anne de Boulen, vint au monde le 8 Septembre 1533. Elle avoit reçu de la Nature toutes les belles qualités de corps & d'efprit qui rendent fon fexe aimable. Elle étoit grande & bien faite ; elle avoit les cheveux blonds, les yeux noirs, tous les traits bien formés, un efprit fin & délicat; un air qui infpiroit le refpect couronnoit ces avantages extérieurs. Dès l'âge de douze ans elle avoit déja fait des progrès confidérables dans les fciences : elle favoit parfaitement la Géographie, l'Hiftoire, la Méchanique, l'Architecture, la Peinture; fes Maîtres ne pouvoient affez s'étonner comment une fille pouvoit apprendre tant de chofes. Elle avoit fur-tout une facilité particulière d'apprendre les langues : elle apprit fi bien la Latine, qu'elle l'entendoit parfaitement ; & elle aimoit que les Savans qui alloient lui faire leur cour, lui parlaffent cette langue. Elle apprit fi bien la Françoife, l'Italienne, l'Efpagnole & la Flamande, qu'elle parloit & écrivoit en toutes ces langues avec la plus grande facilité. Elle étoit encore fort jeune, que fon goût fe déclara entièrement pour l'étude de la politique, & elle employa trois heures par jour à la lecture des livres qui traitent de cette ſcience.

Après la mort de ſon père en 1547, & celle du jeune Roi Edouard ſon frère, Marie, fille de Henri VIII & de Catherine d'Arragon, ayant été proclamée Reine, Eliſabeth témoigna à ſa ſœur toutes les démonſtrations poſſibles d'amitié : mais Marie, réſolue de ruiner la réforme, & de rétablir la religion Catholique, lui dit un jour en l'embraſſant : ma chère ſœur, je veux que vous ſoyez bonne Catholique. Eliſabeth, qui avoit été élevée dans la religion Proteſtante, lui répondit : hors la conſcience, je ſuis entièrement à Votre Majeſté. Cette réponſe commença à réfroidir la Reine envers Eliſabeth ſa ſœur : bien plus, le Cardinal de Winceſter, premier Miniſtre de la Reine, dont il avoit la confiance, & qui étoit grand ennemi des Proteſtans, devint le perſécuteur d'Eliſabeth. Il convoqua le Parlement, & fit déclarer nul & illégitime le mariage de Henri VIII avec Anne de Boulen. Eliſabeth ſe vit ainſi exclue de la Couronne, & même de la qualité de Princeſſe du Sang : enfin, on lui ôta les penſions que ſon père lui avoit laiſſées. Mais outre le motif de la religion, celui de la jalouſie faiſoit agir la Reine ; car Eliſabeth avoit tant d'eſprit, tant de belles qualités & des manières ſi agréables, qu'elle ſe faiſoit aimer de tout le monde, & que tout ce qu'il y avoit de plus conſidérable de l'un & de l'autre ſexe s'empreſſoit de lui faire la cour. Bien plus, on prétend que la Reine aimoit en ſecret Edouard de Courtenay, Comte de Devonshire ; mais que ce Seigneur, qui d'ailleurs étoit bien moins âgé que la Reine, étoit épris alors d'un amour des plus vifs pour Eliſabeth, & qu'il ne répondit qu'avec froideur aux marques d'affection de Marie. Ce fut dans ces circonſtances qu'Eliſabeth, qui n'avoit alors que vingt ans, écrivit à Courtenay la lettre que nous allons rapporter pour donner une idée de l'eſprit de cette Princeſſe.

« Monſieur le Comte, je ne doute pas que vous ne m'aimiez, mais je crains que cet amour ne vous faſſe du préjudice; c'eſt auſſi ce qui m'oblige à cacher l'inclination que j'ai pour vous, & qui me donne peu d'eſpérance : mais je ſais qu'un cœur généreux comme le vôtre ſait aimer juſqu'aux ſoupçons, & que la jalouſie donne de nouveaux charmes à l'amour. Je ſuis perſuadée que quand vous ferez réflexion au péril auquel vous vous expoſez de perdre une Couronne pour ne pas vouloir répondre à l'amour que la Reine a pour vous, & pour vouloir ſuivre ce qu'une paſſion amoureuſe vous inſpire pour une Princeſſe qui ſouhaiteroit que ſon pouvoir & ſa fortune fuſſent auſſi grands que ſa reconnoiſſance envers vous pour pouvoir vous rendre heureux; je ſuis, dis-je, aſſurée que quand vous ferez bien réflexion à vos propres intérêts, vous vous éloignerez autant de moi, que je ſouhaiterois d'être près de vous, & que je le ſuis effectivement par l'eſtime particulière que je fais de vos grandes qualités. Conſidérez que l'amour aveugle le plus ſouvent la raiſon, & qu'il précipite d'ordinaire ceux qui le ſuivent dans un gouffre de malheurs. Faites un peu de réflexion à des avis qui viennent d'un cœur qui ne cherche que votre avantage ».

Cependant l'âge de la Reine, d'environ trente-ſix ans, & les malheurs dont le Royaume étoit menacé ſi elle venoit à mourir ſans enfans, obligèrent le Parlement à preſſer inſtamment cette Princeſſe de ſe marier. Après pluſieurs partis qu'on lui offrit, elle s'engagea à épouſer Philippe, fils de Charles-Quint. Les Proteſtans craignant de tomber ſous le joug de la tyrannie eſpagnole, délibérèrent de prendre les armes, & il ſe forma une conſpiration contre la Reine; mais elle fut découverte, & il y eut plus de deux cents perſonnes miſes à mort. La Princeſſe Eliſabeth & le Comte de Devonshire furent enveloppés dans ce tragique événement. Le Comte fut mis à la Tour, & la Princeſſe arrêtée, & traitée dans ſa priſon avec la plus grande rigueur. Pendant ce temps-là, Philippe arriva en Angleterre, & ſon mariage avec la Reine fut célébré. Ce Prince ayant appris l'état d'Eliſabeth, lui qui étoit naturellement dur & inhumain, ſur-tout quand il s'agiſſoit de religion, ſe livra aux ſentimens de la douceur à ſon égard : il empêcha qu'on attentât ſur ſes jours, comme on en avoit déja pris la cruelle réſolution, & lui fit rendre la liberté; mais ce fut un effet de la politique de ce Prince, qui voulut par-là confirmer les Anglois dans l'opinion qu'ils avoient de ſa clémence, dont il avoit affecté de donner des marques pour gagner les eſprits. De plus, comme il ſe doutoit que la Reine Marie ne lui donneroit jamais d'enfans, ſi on eût fait mourir Eliſabeth, la Couronne appartenoit de droit à Marie Stuard, Reine d'Ecoſſe, déja accordée au Dauphin de France; & par-là, cette Nation, déja puiſſante, ſe feroit rendue formidable par l'acquiſition des Royaumes d'Ecoſſe, d'Angleterre & d'Irlande. Mais avant de la mettre en liberté, la Reine voulut qu'on s'efforçât de lui faire embraſſer la religion : on lui envoya pour cela le fameux Cardinal Polus, alors Légat du Pape. Ce Prélat eut une longue conférence avec Eliſabeth ſur le ſujet de la religion ; & d'après les réponſes de cette Princeſſe, il parut, ſelon l'Auteur de ſa vie, qu'elle n'avoit qu'une religion de politique. On le comprit encore mieux par toute la conduite qu'elle tint dans la ſuite, car elle évita toujours avec ſoin de ne faire paroître ni trop de zèle pour celle qu'elle profeſſoit à l'extérieur, ni trop d'averſion pour la Catholique. Eliſabeth ayant été miſe en liberté, fit ſa paix avec la Reine : mais s'étant apperçue que cette Princeſſe ne pouvoit ſouffrir que le Roi parlât avantageuſement d'elle, ni même qu'il la rencontrât, elle craignit de mauvaiſes ſuites de cette jalouſie, & quitta la Cour pour ſe retirer dans un château à deux lieues de Londres. Sa retraite n'empêcha pas que la Reine ne mît auprès d'elle des perſonnes chargées d'épier toutes ſes démarches.

Eliſabeth ſe voyant comme priſonnière, ſe renferma toute en elle-même, & parut être indifférente à toutes les nouvelles de la Cour. Elle ſe livra à l'étude, & lut avec application tous les livres qui traitent de la plus fine politique, l'Hiſtoire Romaine, celle d'Angleterre & d'Ecoſſe, les vies des Papes, les traités de paix ; elle faiſoit de ſa propre main des annotations à la marge des livres, & des extraits de tout ce qu'elle trouvoit de remarquable, qu'elle reliſoit enſuite en ſe promenant. Jamais perſonne de ſon ſexe ne fut plus attachée à ces ſortes d'études, & jamais aucune autre n'en profita mieux qu'elle. Cependant ſes occupations n'empêchoient pas qu'elle n'entretînt un commerce de lettres, fort ſecret à la vérité, avec le Comte de Devonshire : mais cet infortuné Seigneur mourut à Gand quelque temps après, & en ſi peu de jours, qu'on ſoupçonna qu'il y avoit eu du poiſon. Philippe étoit un Prince qui prévenoit tous les obſtacles qui s'oppoſoient à ſes deſſeins : il n'avoit que trop de penchant pour Eliſabeth, ſa belle-ſœur. La Reine Marie pouvoit mourir ; & le Comte qu'il ſavoit être aimé d'Eliſabeth, étoit à ſes yeux un rival que cette Princeſſe avoit préféré à lui.

Quelque temps après, Eliſabeth fut recherchée en mariage par Philibert, Duc de Savoie, & il fit pour cela de grandes inſtances auprès du Roi Philippe; mais ce Prince étoit alors ſi amoureux d'Eliſabeth, qu'il étoit réſolu de l'épouſer ſi la Reine venoit à mourir ſans enfans. Dès que Henri V fut monté ſur le trône de Suède,

Suède, il envoya une ambaſſade magnifique en Angleterre pour demander Eliſabeth. Cette Princeſſe répondit à l'Ambaſſadeur, qu'elle ne pouvoit lui faire aucune réponſe là-deſſus, parce que cette propoſition n'étoit pas accompagnée du bon plaiſir de la Reine ſa ſœur. Mais dans le fond Eliſabeth avoit une répugnance inſurmontable pour le mariage : ce qui parut alors évidemment, puiſqu'étant exilée de la Cour, obſédée par des eſpions, & ayant trouvé pluſieurs occaſions favorables pour ſe tirer de ce triſte état, elle aima mieux y demeurer que de ſe marier.

L'année ſuivante, la Reine Marie mourut : on croit que le chagrin de ſe voir ſtérile, & avec cela peu aimée de Philippe, lui cauſa la maladie qui la mit au tombeau. Ce Prince étoit alors en Flandre occupé à la guerre. Dans la même année, l'Empereur Charles-Quint abdiqua ſes Etats, & céda ceux d'Eſpagne à ſon fils Philippe ; ce qui obligea ce Prince de paſſer en Eſpagne.

Dès que la Reine Marie fut morte, le Chancelier ſe rendit au Parlement, & repréſenta qu'Eliſabeth étoit héritière légitime de la Couronne, & que cette Princeſſe, par ſes qualités, étoit très-capable de gouverner l'Angleterre. Ainſi elle fut proclamée Reine dans la ville de Londres.

Dès que la nouvelle de ſa proclamation fut répandue, les Grands du Royaume ſe rendirent auprès d'elle pour lui faire leur cour & la reconnoître pour Reine. Le lendemain elle fit ſon entrée à Londres avec beaucoup de pompe, ſuivie de tous les Ordres de l'Etat, qui l'accompagnèrent juſqu'à la Tour, où elle paſſa dix jours ſelon la coutume : enſuite elle voulut aller en cavalcade au palais de Vittheall, magnifiquement habillée, & montée ſur un cheval ſuperbe; c'étoit afin de pouvoir plus commodément voir & ſaluer tout le monde; & d'ailleurs elle étoit bien aiſe que l'on vît la magnificence de ſes habits, car quelques-uns lui reprochent ce foible ſi naturel à ſon ſexe.

Eliſabeth étoit alors dans la vingt-cinquième année de ſon âge, capable par conſéquent d'entrer dans le manîment des affaires : elle avoit déja donné des marques de l'habileté de ſon eſprit & de la fermeté de ſon courage en ſurmontant une infinité d'obſtacles. Nous avons parlé ci-deſſus de ſes qualités extérieures: du reſte, elle aimoit la magnificence, & vouloit que les Dames qui la ſervoient fuſſent toujours parées.

Après cette cérémonie, elle envoya des couriers à tous les Ambaſſadeurs qui étoient dans les Cours étrangères, pour faire ſavoir ſon avènement à la Couronne; elle dépêcha en même temps au Roi Philippe, qui étoit en Flandre, pour lui donner avis de cet évènement, & lui écrivit une lettre par laquelle elle lui témoignoit beaucoup de reconnoiſſance & d'affection. Auſſi-tôt Philippe lui envoya pour Ambaſſadeur le Duc Féria, avec ordre de la reconnoître pour Reine, & de traiter de ſon mariage avec elle. Philippe ſe flattoit que cette Princeſſe, naturellement ambitieuſe, ſeroit bien aiſe d'épouſer le plus grand Souverain du monde : il croyoit la choſe ſi sûre, que ſans attendre la réponſe d'Eliſabeth, il envoya un courier à Rome pour demander la diſpenſe.

Mais quelque obligation que la Reine Eliſabeth témoignât avoir au Roi, ſon humeur & ſa politique l'emportèrent ſur ſon inclination. Elle écouta d'abord la propoſition du Duc avec un air riant; mais elle ne lui fit que des réponſes vagues qui n'aboutiſſoient à rien, & elle trouva toujours moyen d'éluder tout ce que l'Ambaſſadeur lui diſoit, tantôt ſur un prétexte, tantôt ſur un autre : en ſorte qu'il fit ſavoir au Roi ſon maître que la Reine étoit comme une anguille qui échappe lorſqu'on croit la mieux tenir.

On prétend que voulant ſe rendre populaire, elle craignit d'épouſer un Prince étranger, & ſur-tout Eſpagnol; que d'ailleurs, étant d'une humeur gaie, & aimant les plaiſirs, elle ne pourroit s'accommoder d'un mari taciturne, mélancolique, & qui demeuroit toujours enfermé dans ſon cabinet. Ainſi elle ne voulut jamais donner ſon conſentement; mais elle ſe comporta avec tant d'adreſſe, qu'elle trouva moyen d'accorder tout en apparence, pendant qu'elle refuſoit tout en effet.

On fit enſuite le couronnement de la Reine avec la plus grande pompe. Eliſabeth dans cette marche étoit ſur ſon char de triomphe, & ne pouvoit retenir ſa joie en entendant les acclamations du peuple. Pendant pluſieurs jours ce ne fut que feſtins, bals, & ſemblables divertiſſemens.

Comme on croyoit en France qu'Eliſabeth épouſeroit le Roi Philippe, le Cardinal de Lorraine conſeilla au Roi Henri II de faire proclamer Marie Stuard, épouſe du jeune Dauphin, Reine d'Angleterre & d'Irlande. Cette proclamation fut faite en France & en Ecoſſe, & on déclara en même temps Eliſabeth bâtarde & uſurpatrice. Telle fut l'origine de la haine que cette Princeſſe porta toujours à Marie Stuard.

Eliſabeth ne fut pas plutôt ſur le trône, qu'elle mit en liberté ceux que la Reine Marie avoit fait mettre en priſon pour cauſe de religion ; en quoi elle fit paroître le deſſein qu'elle avoit de favoriſer la prétendue Réforme, à l'imitation de Henri VIII ſon père : mais elle garda plus de meſures, & fut en cela plus politique. Le jour de ſon couronnement elle fit ouvrir les priſons, & fit élargir tous les priſonniers, ſans diſtinction de perſonnes ni de religion.

Dans ces circonſtances, elle reçut des lettres de ſon Réſident à Rome, qui lui apprenoient que le Pape Paul IV, à qui ce Réſident avoit fait part de l'avènement d'Eliſabeth à la Couronne, avoit répondu qu'elle n'y avoit aucun droit, parce qu'elle étoit bâtarde ; qu'elle avoit été bien hardie de monter ſur le trône ſans ſon conſentement. Cette réponſe fière & à contre-temps fit le plus mauvais effet. Eliſabeth voyant qu'elle n'avoit rien à eſpérer du Pape, jugea qu'il n'y avoit pas d'autre moyen de ſe conſerver la Couronne, que de ſe déclarer Proteſtante : cependant elle diſſimula quelque temps ſes intentions.

Il ſe négocioit alors un traité de paix entre la France & l'Eſpagne. Eliſabeth en ayant été avertie, craignit que ces deux Princes ne ſe liguaſſent enſemble pour l'obliger à conſerver en Angleterre la religion Romaine. Elle crut devoir mettre en uſage ſa politique, & entretint le Duc Féria de l'eſpérance qu'elle pourroit bien ſe marier avec le Roi ſon maître; & pour le mieux tromper, elle en uſa de telle ſorte avec les Catholiques, qu'il ſembloit qu'elle les vouloit favoriſer. En même temps elle envoya un Gentilhomme Florentin en France, pour négocier une paix entre les deux Couronnes, à quoi il réuſſit heureuſement; en ſorte que les deux Rois déclarèrent qu'ils ne feroient jamais la paix que la Reine Eliſabeth n'y fût compriſe.

Pendant qu'elle endormoit le Duc Féria par des diſcours qui flattoient la vanité eſpagnole, elle amuſoit pareillement les Catholiques du Royaume, & gagna le Duc de Norfolck & le Comte d'Arondel, Seigneurs des plus puiſſans de la Nation, & elle donna les premières charges de l'Etat à des Catholiques.

Pour mieux réuſſir dans l'entrepriſe de la réformation, elle voulut avoir l'approbation du Parlement. Dès qu'il fut aſſemblé, elle s'y trouva en perſonne, portant le ſceptre & la Couronne, & fit un diſcours plein de ſens, mais court, comme il convenoit à ſon rang. Le Garde des Sceaux expoſa enſuite plus au long les intentions de la Reine, & les Chambres lui accordèrent les ſommes qu'elle demandoit. Ce fut après cette aſſemblée que le Parlement lui envoya des Députés pour la ſupplier de vouloir ſe choiſir un époux. Mais elle leur répondit en général, que ſi elle penſoit au mariage, elle ſauroit ſe choiſir un époux qui lui feroit honneur; & qui ſeroit affectionné aux intérêts du peuple; que ſes ſujets lui tenoient lieu d'enfans depuis qu'elle avoit épouſé le Royaume par la cérémonie du couronnement.

Après que le Parlement eut traité l'affaire de la religion, il fit un acte ſolemnel, par lequel on déclaroit la Reine Eliſabeth ſouveraine Gouvernante de l'Egliſe dans ſon Royaume, tant au ſpirituel qu'au temporel. En même temps on dreſſa un formulaire de ſerment que l'on fit ſigner à tous les ſujets. Pluſieurs Evêques s'y opposèrent; & auſſi-tôt ils furent dépouillés de leurs dignités, & mis en priſon.

Cependant Eliſabeth ſouhaitoit de trouver un milieu qui pût également contenter les Catholiques & les Proteſtans; car elle ſe propoſoit de réunir tous ſes ſujets en une même religion, & de s'acquérir par-là l'eſtime des Nations étrangères. Pour contenter les

Catholiques, elle ne voulut pas prendre la qualité de Chef de l'Eglise : elle retint les cérémonies & les ornemens du Clergé, les noms d'Archevêques & d'Evêques, de Diacres, de Chanoines : elle laissa le Carême, l'abstinence du vendredi & du samedi ; mais elle défendit la Messe. Il étoit bien difficile que les vrais Catholiques souffrissent sans peine une pareille défense.

Pendant ce temps-là, Philippe ayant compris qu'il ne devoit plus penser à son mariage avec Elisabeth, épousa Isabelle de France, fille de Henri II. La Reine d'Angleterre jugeant qu'elle ne pouvoit rien attendre du Roi Philippe, & que ce Prince ne l'aideroit point à reprendre Calais, fit sa paix avec la France.

Après avoir établi sa nouvelle liturgie dans le Royaume, & fait triompher la religion Anglicane, elle ne cherchoit qu'à jouir de la paix ; car son inclination naturelle la portoit à aimer les plaisirs & les divertissemens, qui sont ordinairement les fruits de la tranquillité des Etats. Cependant dès qu'on lui eut représenté qu'elle avoit eu une occasion favorable de faire la guerre, elle se détermina à suivre la raison d'Etat, qui étoit de favoriser les troubles de France, de soutenir le parti des Huguenots, & de donner du secours

ſecours au Prince de Condé, que les Guiſes avoient voulu perdre, & à qui la mort du Roi François II venoit de ſauver la vie.

C'eſt ici que paroît l'habileté d'Eliſabeth. Son Conſeil étoit mi-parti de Catholiques & de Réformés. Ceux qui avoient le plus d'autorité ; ſavoir, le Duc de Norfolck & le Comte d'Arondel, étoient Catholiques. Il s'agiſſoit de ſoutenir le parti des Réformés : cependant ils furent tous unanimement d'avis de ſecourir le Prince de Condé, tant cette Reine avoit d'adreſſe à entretenir l'un & l'autre parti de quelque eſpérance conſidérable pour les faire ſervir à ſes deſſeins. Sa maxime favorite étoit de donner des eſpérances : elle la mit en uſage ſur-tout pour ſon mariage ; & elle s'en ſervit ſi utilement & avec tant d'adreſſe, que les Proteſtans n'osèrent pas lui faire la moindre réſiſtance, quand elle introduiſit dans la religion les cérémonies de l'Egliſe Romaine, qu'ils regardoient comme une ſuperſtition ; & que les Catholiques, accoutumés au culte extérieur, ne s'opposèrent point à ſes deſſeins, parce qu'ils croyoient qu'elle épouſeroit un Catholique.

La réſolution fut priſe de ſecourir le Prince de Condé, avec la condition qu'il remettroit le Havrede-Grace entre les mains des Anglois, ce qui fut exécuté; & la Reine fit remettre au Prince une somme de cinq cents mille livres qu'elle devoit compter tous les trois mois : en même temps les troupes furent débarquées au Havre. Ainsi, le Prince se vit à la tête d'une armée de vingt-deux mille hommes, tant Anglois que François : mais après la bataille de Dreux, perdue par les Hugenots, elle fit la paix avec la France.

Marie Stuart, Reine de France & d'Ecosse, étant devenue veuve par la mort de François II, repassa en Ecosse avec une grande suite de Noblesse Françoise & Ecossoise : elle fut reçue par les Catholiques avec la plus grande joie; mais les Réformés furent affligés. Elisabeth dissimula sa jalousie, & lui envoya une ambassade pour l'assurer qu'elle ne souhaitoit rien tant que d'entretenir amitié avec elle.

En cette année, le Parlement fit une seconde tentative pour engager Elisabeth à se marier. Les Députés lui représentèrent que tout son Royaume le souhaitoit avec passion, pour éviter les malheurs qui pourroient arriver si Sa Majesté venoit à mourir sans enfans. Dans le même temps, le Roi de Suède, qui venoit de monter sur le trône, la fit demander une feconde fois par fon Ambaffadeur ; mais elle répondit qu'ayant fait ferment de n'époufer aucun Prince qu'elle n'eût connu & pratiqué long-temps, elle fe voyoit privée du plaifir de pouvoir époufer un Roi d'un fi grand mérite, ne l'ayant jamais vu ni connu. D'un autre côté, quand on lui propofoit en mariage un homme de fa Nation, elle s'excufoit fur l'inégalité des conditions, difant qu'elle ne vouloit pas partager le Trône avec un Sujet. On rapporte à cette occafion, que l'Ambaffadeur de Venife s'entretenant un jour avec celui d'Efpagne fur toutes les défaites que donnoit Elifabeth quand on lui parloit de mariage, dit en riant, que la Reine réuffiroit mieux à tromper plufieurs amans, qu'à aimer un feul mari. Mais entre tous fes prétendans, il n'y en eut point dont on parla tant que de l'Archiduc Ferdinand d'Autriche. Son frère Mathias étant devenu Empereur, employa tous fes efforts pour faire réuffir ce mariage, qui auroit été très-avantageax à fa Maifon ; mais la Reine fuivit fa méthode, qui étoit de ne dédaigner perfonne, mais d'entretenir de belles efpérances. C'eft ainfi qu'elle laiffa paffer la fleur de fa jeuneffe fans penfer à autre chofe qu'à amufer tantôt les uns, tantôt les autres. Elle entretint dans la même efpérance fes deux favoris, les Comtes d'Arondel & de Leicefter. Deux ans après on lui propofa Dom Carlos, fils de Philippe II : le Comte d'Egmond lui avoit fort vanté la beauté, la vertu & les belles qualités d'Elifabeth; en forte que ce jeune Prince, impatient de régner, témoignoit un grand defir que cette Princeffe confentît à l'époufer. Ce Comte étant venu en Angleterre, & ayant trouvé l'occafion favorable, le propofa à la Reine, en l'affurant que Dom Carlos, pour être né en Efpagne, n'avoit nullement les inclinations de cette Nation; que fi elle l'époufoit, elle en feroit un bon Anglois, & qu'elle uniroit ainfi par ce moyen les Pays-Bas à l'Angleterre, & en feroit une Monarchie auffi puiffante que celle d'Efpagne : en même temps il lui parla de toutes les aimables qualités de Dom Carlos. On prétend que de tous les mariages qu'on avoit propofés à la Reine, il n'y en avoit aucun qui lui eût été plus agréable : mais ce Prince ayant marqué à fon père trop d'empreffement pour cette affaire, Philippe, naturellement ombrageux, conçut des foupçons contre fon fils, & crut qu'il avoit peu d'attachement pour la religion Catholique : il déclara à Dom Carlos que ce n'étoit pas fon intention de le marier avec la Reine Elifabeth. Le Prince piqué, réfolut de s'enfuir d'Efpagne & de fe retirer en Angleterre ; mais ſon deſſein ayant été découvert, il fut arrêté, & mourut en priſon quatre mois après.

Cependant les Comtes d'Arondel & de Leiceſter jouiſſoient auprès d'Eliſabeth du plus grand crédit. On les appelloit les *deux favoris rivaux :* & parmi les gens de la Cour, les uns ſoutenoient qu'elle épouſeroit le Comte d'Arondel, les autres celui de Leiceſter ; mais la Reine les joua tous deux, & ne ſe maria ni avec l'un, ni avec l'autre. Il eſt vrai de dire, que de tous les Princes ou Seigneurs qu'elle amuſa pendant ſon règne, ils furent ceux avec qui elle ſe comporta avec le plus de fineſſe & de politique ; car elle s'étudioit à ne pas faire plus de faveur & à ne pas donner plus d'eſpérance à l'un qu'à l'autre. Enfin, elle en uſa avec tant d'habileté, que la jalouſie qui ſembloit devoir régner entre eux, ne fut pas capable de les déſunir, & qu'au contraire leur bonne intelligence fut un grand avantage pour le Royaume. Au reſte, bien des gens ont penſé qu'Eliſabeth n'avoit jamais ſenti pour perſonne ce qu'on appelle une paſſion amoureuſe ; qu'elle n'avoit jamais témoigné de l'inclination que par des raiſons de politique, & qu'à proportion du bien qu'elle pouvoit tirer de ſes favoris.

Cependant Marie Stuart, Reine d'Ecoſſe, après être arrivée dans ſon Royaume, avoit épouſé le Comte d'Arloy ; mais elle ne vécut que deux mois avec lui : on trouva ce Seigneur étranglé dans ſon lit. Auſſitôt après, elle ſe maria avec le Comte de Bothuel : ce ſecond mariage acheva de révolter les Ecoſſois. Ce Comte fut arrêté, & mourut en priſon. Marie voulut faire la guerre à ſes ſujets Proteſtans : ceux-ci ayant eu le deſſus, elle voulut chercher un aſyle en France ; mais une tempête l'obligea de relâcher à un port d'Angleterre. Eliſabeth en ayant eu avis, ordonna qu'on l'arrêtât ; ce qui fut exécuté. Elle allégua pour prétexte de cette violence, la crainte où elle étoit que ſi Marie eût paſſé en France, elle n'eût excité des troubles en Angleterre.

Vers le même temps, les Catholiques de ce Royaume, mécontens de la ſévérité dont on uſoit à leur égard, ſe révoltèrent contre la Reine : il ſe donnèrent pour Chefs les Comtes de Northumberland & de Weſtmorland, & ils excitèrent le peuple à prendre les armes. Eliſabeth fit paroître en cette occaſion toute ſa fermeté : elle donna un édit contre les deux Comtes Chefs de la révolte, les déclara traîtres & rebelles avec leurs adhérans, & promit deux mille écus à quiconque lui porteroit leurs têtes; en même temps elle envoya une armée vers le nord du Royaume où étoit la plus grande révolte. Après avoir ainſi éteint la rébellion par ſes ſages meſures, elle ordonna qu'on fît la recherche des plus conſidérables parmi les révoltés : il y en eut plus de huit cents qui furent exécutés à mort. Le Comte de Northumberland fut arrêté en Ecoſſe, conduit à Londres, où il eut la tête tranchée.

Sur la fin de cette année, le Conſeil du Roi Charles IX croyant le parti Huguenot abattu, fut d'avis de propoſer le mariage du Duc d'Anjou avec Eliſabeth, comme une affaire avantageuſe à l'Etat. En conſéquence le Comte de Foix fut envoyé Ambaſſadeur en Angleterre. La Reine lui donna audience, & écouta ſi favorablement la propoſition de mariage, qu'il crut que ſa négociation auroit un prompt ſuccès: mais elle l'amuſa pendant trois ans de belles eſpérances; & lorſque les troubles d'Angleterre furent appaiſés, elle fit connoître ouvertement qu'elle ne penſoit point à ce mariage; car dès que l'Ambaſſadeur ouvroit la bouche ſur ce ſujet, elle l'interrompoit pour lui demander des nouvelles des comédies & des bals qui ſe donnoient à Paris. Cette conduite d'Eliſabeth ne rebuta pas Catherine de Médicis, qui étoit alors la maîtresse en France : elle lui fit proposer d'épouser le Duc d'Alençon son autre fils. Les Ambassadeurs lui alléguèrent pour raison, que c'étoit un Prince dont elle disposeroit comme elle voudroit : on assure même qu'Elisabeth avoit beaucoup d'inclination pour ce Prince ; mais elle répondit aux Ambassadeurs qu'elle ne s'étoit pas mariée avec Jean d'Autriche parce qu'elle auroit pu être sa mère, & qu'elle pouvoit encore moins se résoudre à épouser le Duc d'Alençon, qui pourroit avoir été son petit-fils.

Cependant, pour montrer à la France qu'elle ne refusoit pas ce mariage par manque d'affection, elle conclut une ligue offensive & défensive avec ce Royaume. Les vues d'Elisabeth étoient d'empêcher que le Roi de France ne prît les intérêts de la Reine Marie qu'elle tenoit en prison. Mais ce qu'il y a de singulier, c'est qu'en l'année 1574, Elisabeth qui avoit refusé tant de partis dans la fleur de sa jeunesse, déclara à son Conseil qu'elle avoit résolu de se marier. Le motif qu'elle allégua fut le bien de l'Etat, qui demandoit qu'elle donnât des successeurs à la Couronne pour prévenir les troubles qui pourroient arriver si elle mouroit sans enfans. Il faut noter qu'elle avoit

avoit alors quarante-un ans. On prétend qu'elle s'étoit imaginée que ſes ſujets commençoient à la mépriſer, parce qu'elle ne laiſſoit point d'héritiers. Mais comme ſon Conſeil étoit compoſé de ſes favoris, qui craignoient qu'elle n'épousât le Duc d'Alençon dont elle s'étoit faite une grand idée, elle ne trouva perſonne de ſon avis. Ils lui répondirent qu'elle ne devoit pas craindre d'être jamais mépriſée tandis qu'ils auroient quelque autorité dans l'Etat, & qu'ils étoient obligés d'appuyer tous ſes intérêts, puiſque leurs biens & toutes leurs eſpérances dépendoient uniquement de ſa conſervation. La raiſon qui les faiſoit parler ainſi, étoit que plus la Reine tardoit à ſe marier, plus leur fortune s'établiſſoit, & que lorſqu'elle ſe verroit avancée en âge, elle ſeroit obligée d'épouſer quelqu'un d'eux; car chacun ſe flattoit d'être celui qu'elle choiſiroit. Au reſte, ſon penchant pour le Duc d'Alençon, venoit de ce qu'elle ne le croyoit Catholique qu'en apparence, & que devenant ſon époux, il s'accommoderoit facilement de la religion Proteſtante, & que ce mariage mettroit ſur ſa tête les deux premières Couronnes du monde, puiſque de trois frères l'un étoit monté ſur le trône de Pologne, & l'autre étoit prêt à mourir ſans enfans mâles. Mais elle eut beau témoigner qu'elle feroit ravie que ce Prince vînt faire un voyage en Angleterre, Catherine de Médicis fit évanouir ce projet, & en détourna le Duc d'Alençon, lui alléguant pour prétexte, que la mémoire du massacre des Huguenots étoit trop récente pour aller exposer sa personne dans un pays rempli de Protestans, à qui il ne manqueroit pas d'être suspect.

Elisabeth, informée que la Reine Catherine avoit empêché le Duc d'Alençon de faire le voyage de Londres, voulut se venger, & fomenta secrettement les divisions qui troublèrent la France après la mort de Charles IX. Henri III ayant succédé à son frère, envoya une Ambassade à Elisabeth pour sonder ses intentions, & découvrir si elle ne voudroit point se marier avec lui. Henri de Bourbon, Duc de Montpensier, fut choisi pour Ambassadeur. Dès qu'il eut fait la proposition de ce mariage à Élisabeth, dans une audience particulière, elle lui répondit « qu'elle » ne pensoit point à se marier ; mais que, si cela » arrivoit, elle aimeroit mieux épouser un Prince » qu'elle feroit Roi, qu'un Roi qui la feroit Reine ». Ainsi, l'affaire en demeura-là, & Henri III épousa Louise de Lorraine. Cependant Elisabeth envoya une ambassade pompeuse au Roi Henri, en apparence, pour le féliciter de ſon avènement à la Couronne ; mais, au fond, pour découvrir les diſpoſitions de ce Prince ſur le ſujet du mariage du Duc d'Alençon avec elle. D'un autre côté, les inſtances du Duc d'Alençon auprès de ſa mère, pour la faire conſentir à ſon mariage avec Eliſabeth, & l'empreſſement avec lequel cette Reine témoignoit ſouhaiter ce mariage, firent comprendre qu'il y avoit de l'intelligence entre eux. Mais cette affaire ayant été propoſée dans le Conſeil, Catherine de Médicis déclara ouvertement ce qu'elle en penſoit ; & dit qu'elle n'avoit jamais cru devoir marier aucun de ſes enfans avec la Reine d'Angleterre, parce qu'un tel mariage deviendroit funeſte à l'Etat ; qu'elle ne penſoit même pas, que ce fût l'intention d'Eliſabeth d'épouſer le Duc d'Alençon, mais que c'étoit un prétexte dont elle vouloit ſe ſervir pour ſoutenir le parti des Huguenots ; qu'ayant trouvé des diſpoſitions favorables dans l'eſprit de ce Prince, elle l'entretenoit dans la vaine eſpérance de l'épouſer, afin de le porter à favoriſer les Huguenots, & que, ſi ce parti venoit à prendre le deſſus, elle ſe moqueroit de lui & de la Cour. Henri III fut de l'avis de ſa mère : & pour le moment, on ne parla plus de cette affaire.

Trois ans après, on vit paroître ſur la ſcène un nouveau favori d'Eliſabeth. C'étoit le fameux Comte d'Eſſex, homme qui ne le cédoit à aucun Seigneur du Royaume pour la figure ni pour l'eſprit; il avoit long-temps voyagé en France & en Italie, mais la mort de ſon père le rappella en Angleterre. Il parut à la Cour avec tant d'éclat, qu'il fit une tendre impreſſion ſur le cœur d'Eliſabeth. On prétend même que, dans la ſuite, elle avoua aux Dames de ſa Cour qu'elle n'avoit aimé les Comtes d'Arondel & de Leiceſter, qu'à cauſe des obligations qu'elle leur avoit, & le Comte de Sommerſet que par politique, ſe ſervant de la jalouſie des uns envers les autres pour les attacher davantage à ſon ſervice; mais qu'elle n'avoit jamais véritablement aimé que le Comte de Devonshire & le Comte d'Eſſex.

En effet, il ne fut pas plutôt connu & goûté d'Eliſabeth, qu'elle le fit Conſeiller de ſon Conſeil Privé, l'honora peu de temps après de l'Ordre de la Jarretiere, le fit ſon premier Maître-d'Hôtel & Grand-Maréchal, lui donna enfin un gand de ſa main droite pour le porter ſur ſon chapeau : faveur qu'elle ne fit jamais à d'autres qu'à lui, & qui, en ce temps-là, étoit la plus grande qu'une maîtreſſe pouvoit donner à un homme qu'elle comptoit épouſer : il eſt bon d'obſerver qu'elle avoit alors quarante-quatre ans.

Le Comte ſe voyant ſi avant dans la faveur, penſa à écarter le Comte de Leiceſter : pour cet effet, il lui procura la connoiſſance de la Comteſſe d'Eſſex, veuve du Comte de ce nom, & qui étoit une très-belle femme. Leiceſter en devint amoureux, & ſut ſi bien gagner ſon cœur, qu'elle s'engagea de l'épouſer. Eliſabeth ayant appris la choſe, s'oppoſa à ce mariage, craignant, diſoit-on, que le Comte s'attachât tellement à ſa femme, qu'il ne lui fît plus la Cour auſſi ſouvent qu'il avoit accoutumé. Mais le Comte, qui n'avoit plus d'eſpérance d'épouſer la Reine, & qui vouloit ſe marier, réſolut de ſe ſatisfaire. Il épouſa en ſecret la Comteſſe, & le lendemain il fut ſe jetter aux pieds de la Reine, comptant être diſgracié, & lui confeſſa tout ce qui s'étoit paſſé. Mais Eliſabeth le releva, & lui dit, que puiſqu'il étoit content de ſon mariage, elle vouloit bien l'approuver, & qu'elle ne s'y étoit oppoſée que pour lui montrer l'affection qu'elle avoit pour lui. Cependant on remarqua qu'elle ne vit jamais de bon œil la Comteſſe : ce qui fit ſoupçonner que le refus qu'elle avoit fait de conſentir à ce mariage venoit d'un principe de jalouſie, & donna lieu à des ſoupçons nullement honorables à la vertu de cette Reine. Au reſte, cette vertu eſt encore un problême, ſi on raſſemble tout ce que les Hiſtoriens ont dit ſur ce ſujet : car, ſelon quelques-uns, Eliſabeth avoit le corps conſtitué de manière à ne pouvoir uſer des droits du mariage ; mais quoiqu'elle ne pût avoir des enfans, elle n'avoit pas voulu renoncer au plaiſir d'inſpirer de l'amour, & de le ſentir : d'autres prétendent que ces ſoupçons venoient de ce qu'elle avoit un certain air ouvert & familier avec ſes favoris, que ſes mœurs étoient pures, & qu'elle ne cherchoit avec eux qu'à ſe délaſſer des affaires, dans des entretiens où régnoit une honnête gaieté.

Cependant Eliſabeth avoit fort à cœur de s'oppoſer à la puiſſance formidable de Philippe II : elle ne voyoit point d'autre moyen que d'épouſer le Duc d'Alençon, & de le faire Souverain de Flandre ; elle écrivit des lettres preſſantes au Prince d'Orange pour faire conclure cette affaire. Elle fut fort agitée par les Etats-Généraux en l'aſſemblée d'Anvers. Le Duc, inſtruit des intentions d'Eliſabeth, lui envoya la copie du traité qu'on venoit de faire, & y joignit une lettre dans laquelle il témoignoit le deſir qu'il avoit de devenir ſon époux. La Reine lui répondit à-peu-près ſur le même ton ; mais bien plus, lorſque le Duc, ſecondé du Prince d'Orange, eut fait lever le ſiége au Duc de Parme, elle lui envoya le Comte d'Eſſex pour le féliciter du ſuccès de ſes armes, avec ſon portrait enrichi de diamans, & une lettre des plus affectueuſes. Auſſi-tôt ce Prince écrivit à la Reine ſa mère & au Roi ſon frère, pour les ſupplier de conclure ſon mariage avec la Reine. En conſéquence, Henri III envoya une ambaſſade magnifique à Londres, avec plein pouvoir de dreſſer les articles du mariage : ce qui fut exécuté. Auſſi-tôt après, le Duc d'Alençon paſſa en Angleterre ; la Reine alla au-devant de lui juſqu'à Cantorbéry, d'où ils allèrent enſemble à Londres dans un même carroſſe : & la ville leur donna de grandes marques de réjouiſſance. Le Duc demeura deux mois à Londres, magnifiquement traité, ſans qu'on parlât de la célébration du mariage ; mais le Prince s'étant ouvert à la Reine ſur ce ſujet, elle le pria de ne point trop la preſſer là-deſſus, parce qu'elle avoit des meſures à prendre avec le Parlement. Enfin, voyant qu'on le jouoit, il s'embarqua pour la Hollande. On raiſonna beaucoup là-deſſus. Il y en a qui prétendent que Catherine de Médicis, à qui ce mariage avoit toujours déplu, gagna par de groſſes ſommes d'argent les Comtes d'Eſſex & de Leiceſter ; que ces deux favoris, bien aiſe de ſe maintenir dans leur crédit, produiſirent un faiſeur d'horoſcope, qui aſſura la Reine que rien ne lui ſeroit plus funeſte que le mariage ; & que cette Princeſſe, qui d'ailleurs aimoit la vie & les plaiſirs, ajouta foi à cette prédiction : d'autres allèguent le peu d'inclination qu'elle prit pour le Prince après l'avoir vu, ou qu'elle le trouva trop jeune pour elle qui avoit près de cinquante ans, & qu'elle craignit qu'il ne vînt à la mépriſer, ce qui étoit arrivé à Marie, qui avoit épouſé Philippe II.

Il y avoit déja long-temps qu'Eliſabeth protégeoit & ſecouroit les Proteſtans des Pays-Bas, qui avoient été cruellement perſécutés par le Duc d'Albe, lorſqu'en 1586 les Eſpagnols apprirent que cette Reine avoit fait un traité avec les Flamands, & que le Comte de Leiceſter alloit paſſer en Hollande en qualité de Gouverneur. Ils prirent ces démarches pour une déclaration de guerre. Les Grands du Conſeil étoient étonnés qu'une femme eût la hardieſſe de vouloir entrer en guerre avec une Monarchie auſſi puiſſante que celle d'Eſpagne, & exhortèrent Philippe à en tirer vengeance. Ce Prince, déja aigri contre Eliſabeth,

beth, forma dès ce moment le dessein de la perdre, & de la détrôner même à quelque prix que ce fût: il fit construire dans tous ses ports des vaisseaux d'une force & d'une grandeur extraordinaire, & ordonna une levée de troupes.

Ce fut dans le temps qu'il faisoit les plus grands préparatifs pour porter la guerre en Angleterre, qu'Elisabeth fit faire le procès à Marie Stuart qu'elle tenoit en prison depuis vingt ans. Tous les Historiens conviennent que cet acte de cruauté contre une Reine est une tache à la mémoire d'Elisabeth. Mais ils conjecturent que le motif qui la porta à cette rigueur fut une lettre que Philippe écrivoit à Marie Stuart, & qui tomba entre les mains de la Reine, dans laquelle elle y lut ces mots qui la piquèrent jusqu'au fond du cœur. » Je pris Votre Majesté d'avoir bon » courage, puisque j'espère, avec le secours de Dieu » & celui de mes armes, de vous voir bientôt sur » le trône, où vous verrez à vos pieds celle qui vous » opprime maintenant ». Quand Elisabeth vit que les partisans de Marie Stuart conspiroient tous contre elle, elle résolut de rendre leurs espérances vaines, en immolant à son ressentiment celle pour qui ils s'intéressoient si vivement, & en faisant voir qu'elle bravoit

E

les menaces d'Eſpagne. Elle ordonna donc qu'on achevât le procès qu'on avoit commencé depuis quelques années contre cette Princeſſe. Les principaux chefs d'accuſation furent qu'elle avoit voulu attenter à la vie de la Reine, & ſuſciter des troubles dans le Royaume. Marie Stuart proteſta en vain de la fauſſeté de ces imputations. Les informations étant portées au Parlement, il y eut diverſité d'opinions; mais la volonté de la Reine, que les Juges n'ignoroient pas, entraîna le plus grand nombre de voix, & cette infortunée Princeſſe fut condamnée à avoir la tête tranchée. Le motif de cet arrêt fut que, tant qu'elle vivroit, la Reine auroit en elle une ennemie & une concurrente dangereuſe; & que, de ſa mort, dépendoit le repos du Royaume & celui de la religion. Pluſieurs Hiſtoriens, qui ont raconté les circonſtances de ſa mort, ont relevé, avec raiſon, le courage héroïque, la fermeté étonnante de cette Reine, & les ſentimens de religion & de réſignation qu'elle fit paroître juſqu'à ſon dernier moment.

Toute l'Europe, à cette nouvelle, déteſta l'action d'Eliſabeth, d'avoir fait paſſer une Reine par la main d'un bourreau, après l'avoir tenue vingt ans en priſon, tandis qu'elle pouvoit l'y tenir toute ſa vie. Tout ce que les Proteftans peuvent alléguer fur ce fujet, ne fauroit empêcher que cette cruauté d'Elifabeth n'ait obfcurci la plus grande partie de fa gloire ; puifqu'enfin il n'appartient qu'à des tyrans de répandre le fang d'une tête couronnée.

A cette époque, la Reine fit trois actes de juftice qui lui fervirent beaucoup à regagner l'affection du peuple qu'elle avoit en quelque forte perdue. La nommée Marguerite Lambrun étoit une femme d'efprit & de courage, qui avoit été plufieurs années au fervice de Marie, & qui s'étoit mariée cinq ans avant la mort de cette Reine : fon mari étant mort juftement lorfqu'on fit couper la tête de Marie, (de douleur & d'affliction, à ce qu'on crut, de la mort de cette Princeffe, de laquelle il avoit reçu de grands bienfaits). Sa femme fut fi affligée d'avoir perdu en même temps & fa maîtreffe & fon mari, qu'elle fe mit dans la tête d'en tirer vengeance : après avoir long-temps rêvé au moyen qui feroit le plus propre pour en venir à bout, & en avoir trouvé plufieurs qui lui paroiffoient bons, elle fe détermina à celui qu'elle crut le plus aifé, qui étoit de s'habiller en homme : ce qu'elle fit, & accommoda fes cheveux, & tout l'air de fon corps du mieux qu'elle put, pour reffembler à un homme. Elle por-

toit deux pistolets sous ses habits, résolue de se cacher parmi la foule lorsque la Reine iroit à la Chapelle, d'en tirer un sur la Reine, & de se tuer elle-même avec l'autre, pour éviter la main de la Justice. Mais il arriva que la Reine s'allant promener un jour dans ses jardins, Marguerite Lambrun, qui se faisoit appeller alors Antoine Sparck, & se disoit Ecossois, voulant percer la foule avec un peu trop de précipitation, laissa tomber un de ses pistolets. Les gardes, qui s'en apperçurent, se saisirent d'elle sur-le-champ. Le Conseil de la Reine, & sur-tout le Comte d'Essex, vouloit qu'on la conduisît en prison, étant convaincue de cet attentat, puisqu'on l'avoit trouvé saisie de l'autre pistolet; mais la Reine voulut avoir le plaisir de l'examiner elle-même; & l'ayant faite approcher d'elle, la croyant être un homme, elle lui fit tous les interrogatoires qu'on a accoutumé de faire aux prévenus, sur son nom, sa patrie, sa qualité, &c. Elle répondit à toutes ces questions avec beaucoup de hardiesse & de liberté, en ces termes : « Madame,
» je suis femme, quoique je porte cet habit. Je m'ap-
» pelle Marguerite Lambrun. J'ai été plusieurs années
» au service de la Reine Marie ma maîtresse, que vous
» avez si injustement fait mourir, & par sa mort vous

» avez été cauſe auſſi de celle de mon mari, mort de » déplaiſir de voir mourir ſi injuſtement une Reine ſi » innocente : c'eſt ce qui a fait, qu'aimant beaucoup » l'un & l'autre, j'avois réſolu, au péril de ma vie, » de venger leur mort par la vôtre. Il eſt vrai que » j'ai été fort combattue, & que j'ai fait tous les efforts » poſſibles ſur moi-même, pour me détourner d'un » ſi pernicieux deſſein. Mais je ne l'ai pu, & j'ai été » contrainte d'expérimenter, qu'il n'y a ni raiſon, » ni force, qui ſoit capable d'empêcher une femme » de ſe venger, lorſque l'amour s'en mêle, & qu'il » nous excite à la vengeance ». A peine eut-elle déclaré ſon nom, qu'elle fut reconnue à ſa voix non-ſeulement pour femme, mais pour être celle qu'elle diſoit qui avoit été au ſervice de Marie : une Dame de la Reine, qui étoit préſente, l'ayant reconnue, & ſe ſouvenant de lui avoir parlé pluſieurs fois. Quoique la Reine eût grand ſujet d'être ému d'un tel diſcours, elle ne laiſſa pas de l'écouter froidement, & de lui répondre tranquillement de la ſorte : « Vous » avez donc cru faire votre devoir, & rendre à l'amour » que vous avez pour votre maîtreſſe & pour votre » mari ce qu'il demandoit ; mais quel penſez-vous » que doit être aujourd'hui le mien envers vous ? »

Cette femme répondit à la Reine avec fermeté : « Je » dirai franchement à Votre Majeſté mon ſentiment, » pourvu qu'il lui plaiſe me dire premièrement, ſi » elle me demande cela en qualité de Reine, ou en » qualité de Juge ». La Reine lui dit que c'étoit en qualité de Reine. « Votre Majeſté me doit donc ac- » corder la grace », repliqua cette femme. « Quelle » aſſurance me donnez-vous donc, lui dit la Reine, » que vous n'abuſerez pas de ma grace, & que vous » n'entreprendrez pas une ſeconde fois une action » ſemblable dans quelque autre occaſion »? A quoi cette femme repartit : « Madame, la grace que l'on » veut donner avec tant de précaution n'eſt plus » une grace : ainſi, Votre Majeſté peut en uſer comme » Juge envers moi ». La Reine s'étant retournée vers quelques perſonnes de ſon Conſeil qui étoient pré-ſens, leur dit : « Il y a trente ans que je ſuis Reine, » mais je ne me ſouviens pas d'avoir jamais trouvé » perſonne qui m'ait donné une pareille leçon ». Ainſi elle voulut lui donner la grace entière & ſans con-dition, quoique le Préſident de ſon Conſeil lui pût dire pour l'obliger à faire punir cette femme. Après avoir obtenu ſa grace, elle pria la Reine d'avoir la généroſité de la faire conduire ſûrement hors du

Royaume, & jusques aux côtes de France, ce qu'elle lui accorda, & l'on regarda cette demande comme un trait de la prudence de cette femme.

Le second acte de justice d'Elisabeth fut celui-ci. On fit courir un libelle dans la ville d'Yorck, & sans doute aussi en plusieurs autres villes, qui avoit pour titre *la Reine impudique* : & quoiqu'il n'y fût parlé ni de la Reine, ni de rien qui regardât l'Angleterre, on ne laissoit pas de reconnoître qu'il avoit été fait contre Elisabeth, que l'on traitoit de femme sans honneur & sans honte, plus débauchée que Taïs, Phriné & Messaline, & que l'on comparoit à Jeanne, Reine de Naples. Ce libelle n'avoit que trois feuilles, & on accusa le nommé Robert Tipai, fils d'un artisan de la ville d'Yorck, d'en être l'auteur. Il avoit quelque étude, mais il avoit l'esprit trop satyrique, & il étoit un peu libertin en matière de religion, quoiqu'il fît profession d'être bon Catholique. Etant accusé dans les formes, le Magistrat d'Yorck le fit mettre en prison. Ensuite on l'interrogea, mais il nia être l'Auteur du libelle. La Reine ayant appris qu'on lui faisoit son procès, envoya ordre de le faire conduire à Londres : quand il y fut arrivé, on l'examina dans le Conseil en présence de la Reine ; mais quelques indices qu'il y eut contre lui, il nia toujours être l'Auteur du libelle, & l'on ne trouva point de preuves capables de le convaincre. La Reine voyant cela, prit à sa main le libelle, & sans s'émouvoir elle dit au Conseil : « Nous nous rompons la tête, Milords, » à interroger ce misérable, comme s'il m'avoit effec- » tivement offensée ; mais il me semble que ceux qui » l'accusent sont plus coupables que lui, puisqu'ils » prétendent que l'Auteur de ce libelle, quel qu'il » soit, m'ait voulu désigner : ce qui ne peut être, » car ce libelle parle d'une Reine impudique, & » moi je prétends être chaste, & d'avoir en horreur » l'impudicité, de sorte que ce libelle ne peut avoir » été fait contre moi ». Après que la Reine eut dit cela, elle se leva, & ordonna qu'on mît en liberté le prisonnier, & qu'on lui fît un présent de cent écus, pour réparer la faute qu'on avoit faite, de l'avoir mis en prison sans sujet, & ce fut-là la plus grande libéralité qu'elle ait jamais faite aux Gens de Lettres. Quand Typai eut été ainsi traité, & qu'il eut vu que la Reine ne prenoit point ce libelle pour son compte, il ne fit plus difficulté de dire qu'il en étoit l'Auteur. Il s'arrêta même à Londres, où il fit une apologie de la Reine que le libelle avoit en vue, dans

dans laquelle il s'en déclaroit ouvertement l'Auteur. La Reine en étant avertie, le fit venir en sa présence, & lui dit : « Vous êtes donc l'Auteur du libelle, quoique » vous l'ayez nié avec tant d'obstination ? Qui est donc » la Reine contre laquelle vous avez prétendu parler ? » Car selon votre livre, c'est une Reine aujourd'hui » vivante, qui regne & qui veut passer pour chaste, » quoiqu'elle ne le soit pas. Cela nous suffit pour nous » faire connoître la grandeur de votre faute. Nous » vous avions fait un présent, parce que nous vous » avions cru innocent ; mais puisque vous faites gloire » aujourd'hui de vous dire coupable, ce sera aux Juges » à vous donner la récompense que vous méritez ». On le mit d'abord entre les mains des Juges, qui le condamnèrent à être fouetté publiquement aux lieux accoutumés une fois le mois, pendant trois mois, & à être mis trois fois au pilori, huit jours après avoir été fouetté, portant le libelle pendu à son col, & enfin à demeurer deux ans en prison : mais on le déchargea de la prison, & d'avoir le fouet qu'une seule fois, & on se contenta de le mettre trois fois au pilori. La Reine fut extrêmement louée, de la manière dont elle en avoit usé envers cet homme.

La troisième action d'éclat de la Reine Elisabeth fut

celle-ci. Il ſurvint cette même année des diſputes ſur des prétentions de préſéance entre les deux Archevêques de Cantorbéri & d'Yorck ; celui-là s'appelloit Jean Whitgitz, & celui-ci Jean Piers, ce dernier ne voulant pas s'en tenir aux décifions qui avoient été faites ſur ce ſujet, en la manière que je le vais dire. Il y avoit long-temps que ces deux Prélats ſe diſputoient à qui ſeroit le Primat d'Angleterre. Celui d'Yorck prétendoit que cette dignité lui appartenoit, comme étant le plus ancien Archevêque du Royaume. L'autre ſe fondoit ſur pluſieurs privilèges qu'il avoit obtenu là-deſſus de pluſieurs Papes & de pluſieurs Rois, & ſur ce qu'il étoit en poſſeſſion de cet honneur, quoique l'autre Archevêque le lui conteſtât toujours. Eliſabeth étant parvenue à la Couronne, donna l'Archevêché d'Yorck à Thomas Young en 1560, & celui de Cantorbéry à Matthieu Parker, croyant appaiſer par ce moyen les diviſions, & accorder les prétentions de ces Prélats touchant la qualité du Primat à laquelle chacun prétendoit ; & que Parker, qui étoit un homme doux & paiſible, fort éloigné des plaiſirs du monde, & ſi modeſte, qu'il n'oſoit pas ſeulement regarder une femme au viſage, ne ſe piqueroit pas de ce point d'honneur ; au lieu que Young étoit un homme de Cour. La Reine les accorda donc ainſi, ordonnant que l'Archevêque de Cantorbéry conſerveroit la qualité de Primat d'Angleterre, mais avec cette dure condition qu'il ſeroit obligé de garder toute ſa vie le célibat : qu'au contraire l'Archevêque d'Yorck pourroit ſe marier, à la charge qu'il laiſſeroit à celui de Cantorbéri la qualité de Primat. Les deux Prelats furent également contens de la ſentence de la Reine. L'Archevêque de Cantorbéry, qui n'avoit aucune inclination pour le mariage, s'obligea volontiers à garder le célibat, pour être Primat d'Angleterre ; & l'autre, qui vouloit ſe marier, renonça volontiers à la qualité de Primat, afin d'avoir le plaiſir d'avoir une femme à ſon côté : ainſi ils furent toujours en bonne intelligence; mais enſuite Edouard Sandys ayant été fait Archevêque d'Yorck, & n'ayant point d'inclination pour le mariage, il crut être obligé de faire relever ſon Egliſe d'une loi auſſi honteuſe que celle-là, d'avoir renoncé pour une femme à une auſſi grande dignité que celle d'être Primat d'Angleterre. L'Archevêque de Cantorbéry trouva auſſi que la déciſion étoit dangereuſe, parce qu'on donnoit ſujet aux Catholiques de dire, qu'on ordonnoit le célibat parmi les Proteſtans, pendant qu'on blâmoit cette conduite dans l'Egliſe Romaine. D'ailleurs, on peut bien juger que l'Archevêque de Cantorbéry ne méritoit guère la Primatie d'Angleterre, puiſqu'on la lui avoit donnée à une ſi dure condition. Ils en firent donc porter leurs plaintes à la Reine, l'un par le Comte d'Eſſex, & l'autre par celui de Leiceſter. La Reine, qui vouloit ſe conſerver une autorité ſouveraine ſur toutes les affaires eccléſiaſtiques, fut fâchée qu'on renouvellât cette affaire, craignant que l'on ne la portât devant le Parlement, & fut même ſur le point de faire affront aux deux Prélats; mais comme elle les aimoit tous deux, elle ne vouloit pas témoigner ſon reſſentiment, ſe contentant de les faire venir en ſa préſence, où elle leur dit pour toute réponſe, *quod ſcripſi*, *ſcripſi*. Et comme les Prélats lui voulurent repliquer quelque choſe, elle leur fit la même réponſe. Les Prélats ayant voulu une troiſième fois expoſer leurs raiſons, elle ne leur répondit que les mêmes paroles. De ſorte que ces Prélats voyant que la Reine ne vouloit rien changer à ſa déciſion, en devinrent bons amis enſemble, par l'entremiſe du Comte de Leiceſter. Depuis ce temps-là, on les appella les Archevêques de *quod ſcripſi*, *ſcripſi*. Mais après la mort d'Eliſabeth, & ſous le règne de Jacques I, leurs diſputes ſe renouvellèrent, & devinrent plus grandes qu'elles n'avoient jamais été.

Elisabeth recevoit des avis de toutes parts, que Philippe II faisoit des efforts pour attaquer l'Angleterre, contre lesquels il lui seroit impossible de résister. Craignant donc de ne pouvoir se défendre avec l'épée, elle eut recours à sa politique. Elle affecta de se donner de grands mouvemens pour faire la paix entre le Roi Catholique & les Etats des Pays-Bas, & fit savoir au Duc de Parme qu'elle vouloit être la médiatrice de la paix; elle rappella de Hollande le Comte de Leicester, qu'elle fit renoncer au Gouvernement des Pays-Bas: elle témoigna en même temps beaucoup d'empressement à faire la paix; &, pour se mettre à couvert de la tempête qui la menaçoit, elle faisoit savoir secrettement à Philippe, pour mieux cacher son jeu, qu'elle emploieroit tous ses soins à porter les Etats à faire une paix avantageuse & glorieuse à l'Espagne, & qu'ainsi Philippe, trompé par ces espérances, ne songeroit plus à faire la guerre à l'Angleterre. Le Duc de Parme, de son côté, témoignoit souhaiter ardemment la paix. Il écrivoit à Elisabeth que le Roi son maître étoit extrêmement content de la bonne volonté que la Reine témoignoit en cette occasion, & qu'il la prioit de travailler à conclure une paix qui feroit beaucoup d'honneur à l'Angleterre. Mais il ne lui tenoit ces discours que pour l'amuſer & l'empêcher de ſe préparer à la défenſe : & c'eſt ainſi qu'ils ne penſoient qu'à ſe tromper l'un l'autre, quoiqu'ils traitaſſent de la même affaire.

Cependant Philippe enfermé dans ſon cabinet, travailloit à donner les ordres néceſſaires, pour mettre en état cette flotte invincible avec laquelle il prétendoit détrôner la Reine d'Angleterre. Il s'y portoit avec encore plus d'ardeur, depuis qu'elle avoit fait mourir la Reine Marie ſur un échafaud. Car alors il fit travailler jour & nuit ſes Miniſtres, il fit ouvrir tous ſes tréſors, afin qu'on mît en mer au plutôt cette flotte qui devoit, ſelon lui, chaſſer du trône cette Reine hérétique, & venger le ſang innocent de Marie ſa couſine. C'étoit-là le prétexte : mais le véritable motif étoit l'ambition de ce Prince, qui vouloit ſe mettre en poſſeſſion d'un Royaume, qu'il croyoit lui appartenir en vertu d'un teſtament de la Reine Marie ſon épouſe, & de l'inveſtiture du Pape Sixte-Quint.

C'eſt ici le lieu de dire que ce Pape, célèbre par ſon eſprit ruſé, avoit excommunié la Reine Eliſabeth. C'étoit un coup de ſa politique rafinée : car il entretenoit en même temps des intelligences avec cette Princeſſe, & il avoit une grande idée de ſes belles qualités. En effet, un jour qu'il s'entretenoit avec un Anglois, nommé Carre, qui étoit l'agent ſecret de cette Reine, celui-ci, après lui avoir parlé des inclinations & des manières d'Eliſabeth, voyant que le Pape l'écoutoit avec plaiſir, tira de ſa poche une boîte où étoit le portrait de la Reine, & le lui préſenta. Sixte, après l'avoir conſidéré avec un air d'admiration, dit à Carre, en le lui rendant: « Votre Reine eſt née heureuſe, elle » gouverne ſon Royaume avec beaucoup de ſageſſe, » & il ne lui manque autre choſe ſinon de ſe marier » avec moi, pour donner au monde un autre Alexan» dre ». Carre ne manqua pas d'inſtruire la Reine des ſentimens d'eſtime que le Pape avoit pour elle, & n'oublia pas-là le trait de plaiſanterie qui lui étoit échappé.

Cependant Philippe couvroit ſon deſſein du prétexte qu'il vouloit réduire ſes ſujets rebelles des Pays-Bas.

La deſcription que les Hiſtoriens font de la flotte qu'il arma, paroît quelque choſe d'incroyable: ce détail n'eſt pas de notre ſujet, nous nous contenterons de dire qu'elle étoit compoſée de plus de cent cinquante vaiſſeaux; il y avoit ſoixante galions d'une nouvelle ſtructure, hauts comme des tours, trois mille deux cents pièces de canon, cent vingt mille boulets de toute groſſeur, vingt-deux mille hommes de troupes, ſix mille huit cents matelots, deux mille cinq cents efclaves, ce qui alloit à trente-deux mille hommes : ajoutez à cela toute forte de munitions de bouche & de guerre à proportion.

Elifabeth, informée de ces préparatifs, comprit que cette tempête fe formoit contre elle, de forte qu'elle fe prépara à une vigoureufe défenfe. Elle renforça fes vaiffeaux, & voulut que le fameux Drack, le plus habile homme de fon fiècle pour la marine, fe joignît à l'Amiral Howard pour mettre la flotte au meilleur état qu'il feroit poffible. Il lui falloit de groffes fommes d'argent pour tout cet armement : c'eft pourquoi elle convoqua le Parlement, fe rendit en perfonne à l'Affemblée, & elle y expofa fa demande par un difcours qui échauffa tous les cœurs. Ses expreffions vives & fortes, & l'air majeftueux d'une Reine dont l'âge augmentoit la gravité, firent une telle impreffion, que toutes les voix fe réunirent pour lui fournir tous les fecours néceffaires.

Cependant l'armée navale d'Efpagne étant partie de Lisbonne le dernier jour de Mai, arriva aux côtes d'Angleterre, & jetta l'ancre dans la Manche, à la hauteur de Calais. L'armée navale Angloife fe montra auffi-tôt compofée de cent vaiffeaux, mais fi inférieurs en grandeur à ceux des Efpagnols, qu'ils paroiffoient des barques

ques auprès d'eux; en récompenſe, ils étoient plus légers & pouvoient être plus facilement gouvernés.

Dès que les Eſpagnols eurent apperçu la flotte Angloiſe, ils ſe mirent en ordre de bataille, & s'approchèrent inſenſiblement. Les Anglois voulant éviter le combat ſe tinrent au large, dans le deſſein de courir ſur quelqu'un des vaiſſeaux ennemis qui pourroient s'écarter des autres. Les deux armées s'étant trouvées en préſence le premier jour d'Août, les vaiſſeaux Anglois, comme meilleurs voiliers, gagnèrent bientôt le vent ſur eux: le combat s'étant engagé, ne fut point avantageux aux Eſpagnols, car leurs vaiſſeaux étoient ſi hauts, que leur canon portoit au-deſſus; au lieu que les Anglois ne tiroient pas un coup inutile. Cependant le temps ayant changé, & la nuit étant venue, les Anglois dépêchèrent, à la faveur des ténèbres, huit brûlots, qui étoient tout en feu, pour eſſayer de mettre le feu dans l'armée ennemie. Les Eſpagnols en furent ſi épouvantés, qu'ils ſe mirent à fuir en grand déſordre, les uns d'un côté, les autres d'un autre: une tempête furieuſe acheva de les ſéparer. Deux galions conſidérables de la flotte ſe voyant vivement attaqués par les Anglois, furent portés par un coup de vent ſur un banc de ſable où ils échouèrent & périrent miſérablement.

Le Duc Médina, Commandant de la flotte, voyant que la fortune ne lui étoit pas favorable, & que les ennemis devenoient tous les jours plus fiers par les avantages qu'ils remportoient, jugea à propos de reconduire l'armée en Efpagne, & ordonna qu'on prît le large vers la mer du nord pour éviter les bancs de fable. Mais ils furent à peine en pleine mer, qu'il furvint la plus horrible tempête qu'on puiffe imaginer. Les coups de vent prenoient les navires en flanc, & les faifoient brifer les uns contre les autres ; tout fut mis en pièces, mats, voiles, cordages. En un mot, pour donner une idée de ce terrible défaftre, il fuffit de dire, que de cent cinquante vaiffeaux, il n'en revint en Efpagne que quarante-fix, & que, de trente mille hommes dont la flotte étoit compofée, il en périt plus de dix-huit mille, les uns par la tempête qui abîma les vaiffeaux, les autres par les fatigues de la mer. Quand on vint apprendre à Philippe cette affreufe nouvelle, il fe contenta de répondre avec fon flegme ordinaire, « qu'il n'avoit pas » envoyé fon armée pour combattre contre les vents » & les tempêtes, mais contre les Anglois ».

Il eft aifé de comprendre quelle fut la joie d'Elifabeth. Elle voyoit que, dans le temps que Philippe avoit armé contre elle toute fa puiffance, les plus terribles élémens sembloient avoir pris sa défense pour rendre vains tous les efforts de ses ennemis : elle voulut aussi en célébrer la mémoire, par de solemnelles actions de graces qu'elle rendit à Dieu.

Cette Princesse ayant appris que le Roi de France Henri III étoit mort, & que Henri IV, Roi de Navarre, avoit pris possession de la Couronne malgré ses ennemis, & sur-tout malgré les Espagnols, elle fit partir des Ambassadeurs pour assurer ce Prince qu'elle seroit toujours prête à embrasser ses intérêts, & pour appuyer la cause commune de la religion qu'ils professoient : elle lui envoya en même temps l'Ordre de la Jarretière, comme une marque de l'alliance qu'elle vouloit entretenir avec lui. Bien plus, elle lui faisoit tenir de temps en temps quelque secours, & lorsqu'elle eut appris que les Ligueurs le poursuivoient avec plus d'ardeur, elle lui envoya deux mille hommes d'infanterie & douze cents chevaux.

Pendant les années suivantes, Elisabeth s'appliqua à faire la guerre à l'Espagne, & elle eut la gloire de voir ses armes victorieuses. Non-seulement elle troubla le commerce des Espagnols au Levant & aux Indes, mais encore elle attaqua leurs plus riches flottes dans le cœur de l'Amérique : ses vaisseaux insultèrent même les côtes d'Eſpagne, prirent de force ouverte Cadix, battirent leur flotte juſque dans le port de cette place, ſaccagèrent & pillèrent les villes de Philippe pour ainſi dire ſous ſes yeux. Ce Prince ne pouvoit ſe conſoler de recevoir tous ces affronts de la part d'une femme : il réſolut, pour s'en venger, de mettre ſur pied une armée plus forte que l'invincible ; mais la bonne fortune de la Reine, qui avoit fait toujours réuſſir ſes entrepriſes contre l'Eſpagne, l'accompagna encore ; car dans le temps que l'armée étoit toute prête, Philippe tomba dangereuſement malade : ce qui fit échouer l'entrepriſe. Ce Prince mourut l'année ſuivante 1598.

Depuis quelque temps le Comte d'Eſſex s'étoit rendu odieux par l'aſcendant qu'il avoit pris ſur l'eſprit de la Reine, & par la vanité que lui donnoit l'avantage d'être le ſeul favori. La Reine, qui s'étoit apperçue que les Anglois n'aimoient pas ce Seigneur, ſaiſiſſoit les occaſions de l'envoyer à quelque expédition au-delà de la mer, afin qu'il n'abusât pas de la faveur où il étoit; car elle ne vouloit pas rompre avec un homme qu'elle avoit beaucoup aimé. Il eſt vrai de dire que le Comte ne gardoit plus aucune meſure, ni diſcrétion, qu'il affectoit même de faire ſavoir à tout le monde qu'il étoit maître de l'eſprit de la Reine : ce qui lui attiroit l'envie & la haine de toute la Nation. Elifabeth, qui devenoit tous les jours plus fage en vieilliffant, voyoit avec chagrin une telle conduite.

En 1601 le Comte avoit été envoyé en Irlande pour y commander, & étant retourné à Londres après quelques avantages, il avoit fait courir le bruit, qu'il n'y venoit que pour lever de nouvelles troupes, & s'en retourner enfuite. Cependant il différoit de jour en jour fon voyage, & ne laiffoit pas d'envoyer des munitions en Irlande. Après qu'il y fut retourné, au lieu d'attaquer les ennemis, il commença à entrer en conférence avec le Comte de Tiron, chef des mécontens, fans en rien communiquer au Confeil de guerre. Les envieux de fa fortune ne manquèrent pas de faire inftruire la Reine du commerce que le Comte entretetenoit. Elifabeth, qui favoit que la bonne politique veut qu'on ne néglige jamais les foupçons dans des occafions femblables, & fe fentant d'ailleurs offenfée que le Comte ne lui eût jamais communiqué le commerce qu'il avoit avec l'ennemi, perdit toute l'affection qu'elle avoit pour lui, & le lui témoigna ouvertement, en lui ôtant peu-à-peu fon autorité. Le Comte, naturellement fier, au lieu de fe juftifier auprès de la Reine, leva le mafque, il ne fit plus un myftère de fes démarches : il résolut de perdre la vie dans sa criminelle entreprise, ou de gagner une Couronne. Elisabeth fit voir en cette occasion que son courage ne l'avoit point abandonnée, & qu'elle étoit en état de faire respecter son autorité royale. Les ordres furent si bien donnés, que le Comte fut arrêté en Irlande, & conduit à la Tour de Londres. Aussi-tôt on lui fit son procès selon les loix du Royaume. Il parut devant les Juges magnifiquement habillé, avec un air serein & intrépide, sans doute sur la confiance où il étoit que la Reine ne le feroit jamais mourir. Les chefs d'accusation furent qu'il avoit mis en prison les Commissaires que la Reine lui avoit envoyés; qu'il avoit couru dans Londres pour faire soulever les habitans; qu'il avoit forcé un Sheriff à faire prendre les armes au peuple. En conséquence il fut condamné à mort: on le retint encore huit jours dans la Tour après qu'on lui eut prononcé son arrêt. L'intention de la Reine étoit de lui faire grace s'il la lui demandoit, ou par lettre, ou par quelque supplication. Les amis du Comte le conjurèrent tous les jours de faire cette démarche; mais il fut inflexible, disant qu'il aimoit mieux mourir que de demander sa grace, & qu'il n'y avoit rien de plus honteux à un Gentilhomme, que de vivre d'une vie qu'on avoit obtenue par pure faveur. Un orgueil si déplacé eut le ſort qu'il méritoit, & ſon obſtination lui coûta la mort plutôt que ſon crime.

Dans le mois de Février 1603, Eliſabeth tomba dans une ſi grande mélancolie, qu'elle s'abſtint de manger à ſon ordinaire, & ne vouloit uſer d'aucun remède; de ſorte que s'affoibliſſant inſenſiblement, elle tomba dans un état de langueur qui termina ſes jours le 3 Avril de cette année, à l'âge de ſoixante-dix ans, & après en avoir régné quarante-quatre.

Ce qui fait ſon éloge, c'eſt qu'étant une femme, elle ait régné paiſiblement pendant un ſi long eſpace de temps ſur un peuple inconſtant, & naturellement porté aux ſéditions & aux révoltes. Ce qu'il y a d'étonnant, c'eſt qu'étant entrée dans le Gouvernement en un temps où le Royaume étoit déchiré par les diviſions qu'occaſionnoit la différence de Religion, elle ſe ſoutint au milieu de ces troubles, & rétablit la ſienne ſur les ruines du parti le plus fort. Et ce qu'il y a de plus admirable, c'eſt qu'une femme qui avoit tant d'ennemis au-dedans de ſes Etats, tant d'envieux au dehors, tant de Puiſſances voiſines qui ne cherchoient qu'à la détrôner, eût l'habileté de devenir la terreur de ſes ennemis, plus par ſon adreſſe que par la puiſſance de ſes armes : preuve de ſa grandeur d'ame, de la ſupériorité de ſon eſprit & de ſon habileté dans le Gouvernement. On a dit d'elle, il eſt vrai, qu'elle étoit une grande Comédienne; mais ce caractère étoit l'effet de la fine politique avec laquelle elle faiſoit tourner toutes les affaires du côté qu'elle vouloit, ſavoit amener à ſon but les Princes étrangers, de qui elle étoit eſtimée, & maintenoit en paix ſes ſujets, qui la chériſſoient, parce qu'elle avoit trouvé le ſecret de leur faire approuver toutes ſes entrepriſes. Cette Princeſſe, qui eſt regardée comme une des plus grandes Reines de l'Europe, étoit très-ſavante. Un jour qu'elle entretenoit Colignon, qui fut depuis Chancelier de Navarre, elle lui fit voir une traduction en latin de quelques Tragédies de Sophocle, & de deux harangues de Démoſthène; elle lui permit même de prendre une copie d'une épigramme greque de ſa façon.

FIN.

www.ingramcontent.com/pod-product-compliance
Ingram Content Group UK Ltd.
Pitfield, Milton Keynes, MK11 3LW, UK
UKHW020432180726
13839UKWH00003B/1449

9 782329 554228